LA VIE SEXUELLE
DES CHAMPIGNONS DE PARIS

Roberto CAPEZZONE

Éditions ART ET COMÉDIE
3 rue de Marivaux
75002 PARIS

NOTE SUR L'AUTEUR

Metteur en scène et animateur de cours de théâtre, Roberto Capezzone est né le 21 février 1950. Cette année-là coïncidait avec Mardi gras, jour de carnaval mais également au jour de naissance, toutes prétentions mises à part, de Sacha Guitry. Pas étonnant que la fée Théâtre se soit penchée sur son berceau.

Son bonheur est d'entendre une salle rire aux éclats, une thérapie que seule la magie du théâtre peut apporter. Son fantasme serait que le théâtre de boulevard soit remboursé par la Sécurité sociale !

PERSONNAGES

Norbert de Vignemont : Écrivain, bohême, rêveur.

Anne-Catherine de Vignemont : Styliste chez Flanel, très BCBG.

Philippe Dubarreau : Avocat, séducteur, misogyne.

Dominique Dubarreau : Sans profession, physique masculin.

Pamela : Mère d'Anne-Catherine, extravagante.

Gaston : Père de Norbert, militaire de carrière à la retraite, alcoolique.

Ingrid : Maîtresse de Philippe, jeune et belle fille.

Justine : Employée de maison, physique épouvantable, très catho.

Amandine : Ancienne employée de maison, belle fille amoureuse de Norbert.

+ 1 figurante qui peut être jouée par Ingrid.

Note : Justine et Amandine sont jouées par la même comédienne.

DÉCOR

Un salon meublé dans le style art moderne.
Côté jardin, en avant-scène, la porte d'entrée de l'appartement.
À côté, le bar.
Côté cour, deux portes : une donnant sur les chambres et l'autre sur la cuisine.
Au centre de la scène, un canapé.

ACTE I

LE MATIN

Huit heures du matin. Norbert entre en scène en robe de chambre, va au bar et se prépare un café tout en lisant à haute voix un document.

NORBERT - « Chez les champignons de Paris, la parade nuptiale se fait par les racines. Elles vibrent. C'est un chant d'amour très complexe… »

GASTON *(off)* - Ouvrez-moi ! Ouvrez-moi ou je casse la porte !

Norbert va ouvrir la porte à Gaston qui est assis sur une chaise en bois montée sur roulettes (prévoir une chaise avec de multiples gadgets).

NORBERT - Papa ! Tu ne peux pas être plus discret ? Tu vas réveiller tout l'immeuble !

GASTON *(hurlant)* - Je m'en fous des voisins ! Tous des collabos ! Si je n'avais pas perdu l'usage de mes pauvres jambes en sauvant la France…

NORBERT - Papa ! Tu vas te calmer sinon…

GASTON - Tu bois quoi ?

NORBERT - Du café. Tu en veux une tasse ?

GASTON - Tu n'aurais pas un petit coup de rouge par hasard ?

NORBERT - À huit heures du matin ?!

GASTON *(hurlant)* - Il n'y a pas d'heure pour les braves !

Anne-Catherine entre en scène en chemise de nuit.

ANNE-CATHERINE - Dans cette maison, le silence n'est pas l'invention du siècle.

NORBERT - Ce n'est rien ma chérie. Tu connais papa : le matin, il est un peu ronchon.

ANNE-CATHERINE - « Abominable » me paraît être un qualificatif plus adapté à sa nature.

GASTON - Toi, la belle-fille, tu retournes dans ta chambre au pas de course et tu fais ton lit au carré. Inspection dans dix minutes !

ANNE-CATHERINE - Norbert, je vais craquer ! Il va falloir que tu fasses un choix : c'est lui ou moi. Sans réponse de ta part, je mets ce vieux débris imbibé d'alcool à l'hospice.

GASTON - Mon fils ne m'abandonnera jamais ! Hors de ma vue, fesses plates !

ANNE-CATHERINE - Tu as entendu ? Il m'a traitée de fesses plates !

NORBERT *(à Anne-Catherine)* - Ne fais pas attention à ce qu'il dit, je suis sûr qu'il le regrette déjà. *(À Gaston.)* Hein, papa ?

GASTON - Je ne regrette rien !

Norbert - Ma chérie, oublie tout ça, le principal c'est que je t'aime telle que tu es.

Anne-Catherine - Telle que je suis ? Donc tu donnes raison à ton père : j'ai les fesses plates ! *(Elle se dirige vers la chambre.)* Tu sais ce qu'elles te disent mes fesses ?

Norbert - Ma chérie, je me suis mal exprimé, écoute-moi…

Norbert la suit, laissant Gaston seul. Il se lève, va au bar se servir un verre de rouge et revient s'asseoir avec la bouteille qu'il cache sur lui. Retour de Norbert.

Norbert - Papa, il faut absolument que je te parle.

Gaston - Je t'écoute. Mais si c'est pour me parler de « fesses plates »…

Norbert - Anne-Catherine. Elle s'appelle AN-NE-CATH-ERI-NE.

Gaston - Si ça te fait plaisir.

Norbert - C'est ma femme et je l'aime.

Gaston - C'est ton problème, pas le mien.

Norbert - Tu ne peux pas rester cinq minutes sans parler ? Je te le demande gentiment. Juste cinq petites minutes !

Gaston - Si je veux.

Norbert - Bon, je reprends. Anne-Catherine est ma femme, je l'aime et je ne veux pas la perdre. Malheureusement, ta façon de te comporter vis-à-vis d'elle se retourne contre moi et je risque d'aller droit au divorce.

Gaston - Eh bien, vas-y mon gars, nous vivrons entre hommes.

NORBERT - S'il te plaît papa, fais un effort. Si ce n'est pas pour elle, fais-le pour moi. À cause de toi, je n'ai même plus de vie… disons privée.

GASTON - Sexuelle !

NORBERT - Si tu veux. Mais quand j'ai la chance d'obtenir un petit câlin, tu ne trouves rien d'autre à faire que de taper avec ta canne sur le mur de notre chambre en hurlant : « C'est bientôt fini vos cochonneries ? Je n'arrive pas à dormir ! » Mets-toi à ma place dans ces moments-là !

GASTON - Je n'en veux pas de ta place.

NORBERT - Bon ! Puisque tu refuses de comprendre, excuse-moi d'être brutal avec toi, mais je ne te laisse pas le choix. Si tu ne te comportes pas normalement avec Anne-Catherine c'est l'hospice.

GASTON - J'espère que ta mère n'a pas entendu ce que tu viens de me dire, sinon elle doit se retourner dans sa tombe.

NORBERT - Ah non ! Ne parle pas de maman. Avec un mari comme toi, elle l'a bien mérité son paradis.

GASTON - Silence, deuxième classe. Direction ma chambre.

Norbert et Gaston sortent. Pendant ce temps, Anne-Catherine entre en scène, habillée, prête à partir au bureau.

ANNE-CATHERINE *(hurlant)* - Norbert ! Norbert !

NORBERT - Oui, j'arrive !

ANNE-CATHERINE - La cuvette des toilettes est bouchée.

Le portable de Norbert sonne. Il répond.

NORBERT - J'attends un appel de mon éditeur, ce doit être lui. *(Au téléphone.)* Allô ! Allô ! (…) Belle-maman ! Quelle joie de vous entendre ! Trois mois sans donner de nouvelles, je vais vous disputer ! J'espère qu'il ne vous est rien arrivé de grave ! (…) Alors tout va bien… (…) Vous avez une grande nouvelle à nous annoncer ? (…) Ce soir ? Mais avec plaisir ! (…) Vers vingt heures, c'est parfait. Je vous embrasse très fort ! *(Il raccroche.)* Quelle femme merveilleuse… Tu ne devineras jamais qui vient de téléphoner !

ANNE-CATHERINE - Il est vrai que ta question est très pertinente.

NORBERT - C'est Pamela, ta mère ! Elle passe ce soir nous annoncer une grande nouvelle !

ANNE-CATHERINE - Excuse-moi mon pauvre Norbert, mais au risque de te décevoir, j'avais compris. Une catastrophe n'arrive jamais seule. Après les toilettes bouchées, ma mère.

NORBERT - La visite de ta mère est quand même plus importante que tes chiottes bouchées.

ANNE-CATHERINE - Je te prie de surveiller ton langage pour parler des toilettes.

NORBERT *(vexé)* - Je te prie de surveiller ton langage…

ANNE-CATHERINE - Si tu aimes autant ma mère, il fallait l'épouser !

NORBERT - Au cas où tu l'aurais oublié, je t'ai connue avant.

ANNE-CATHERINE - Le divorce existe !

NORBERT - Ne dis pas de bêtises, ma chérie ! Je ne suis pas amoureux de ta mère, je l'adore tout simplement comme on aime un joli bouquet de fleurs ou un coucher de soleil…

ANNE-CATHERINE - Admettons que tu sois sincère. Toujours est-il que chaque fois qu'elle vient nous rendre visite, ce n'est jamais gratuit. Souviens-toi le jour où elle nous a annoncé qu'elle voulait se faire refaire la poitrine…

NORBERT - Oui ! C'était très drôle !

ANNE-CATHERINE - Pour toi peut-être, mais pas pour moi.

NORBERT - Elle faisait le tour du salon seins nus pour nous prouver la nécessité de l'opération.

ANNE-CATHERINE - J'ai refusé de lui prêter l'argent que lui demandait le chirurgien et elle a disparu six mois.

NORBERT - À son âge, elle peut bien se faire quelques petits plaisirs.

ANNE-CATHERINE - Justement, à son âge, je ne vois pas l'intérêt d'avoir une poitrine de jeune fille !

NORBERT - Nous en reparlerons le jour où tu auras des gants de toilette à la place des seins.

ANNE-CATHERINE - Je te prierais d'avoir un peu plus de respect concernant ma féminité. De toute façon, le jour où j'aurai des gants de toilette, comme tu le dis si bien, je ne préfère même pas imaginer l'état dans lequel seront tes coucougnettes.

NORBERT - En attendant que ça pende de tous les côtés, je vais me changer.

ANNE-CATHERINE - Tu as raison, tu fais désordre. Mais avant de passer sous la douche, rappelle-toi quand elle voulait partir au pôle Nord pour tenter l'expérience de vivre dans un igloo avec des esquimaux. Et pourquoi ? Parce qu'elle a lu dans un magazine que les esquimaux, pour ne pas mourir de froid, faisaient l'amour constamment. Et ses cours de french cancan qui se sont terminés par deux mois d'hôpital…

NORBERT - C'est vrai qu'il lui arrive d'avoir des idées un peu farfelues, mais elle est seule dans la vie. Un peu de piquant dans ses longues journées de solitude....

ANNE-CATHERINE - Tu ne vas quand même pas prendre sa défense ! C'est le monde à l'envers ! Il a fallu que j'épouse un homme qui aime sa belle-mère…

NORBERT - Je l'adore, nuance ! Et sans vouloir te donner des ordres, tu ferais bien de téléphoner à un plombier, sinon ce soir nous risquons d'être dans le caca… Excuse-moi, ça m'échappé.

Norbert sort. Anne-Catherine cherche dans les « Pages Jaunes » l'adresse d'un plombier.

ANNE-CATHERINE - Comme c'est amusant un plombier qui s'appelle M. Robinet. Avec un nom pareil, ça doit être un bon professionnel. *(Au téléphone.)* Allô ! M. Robinet ? (…) Bonjour… Une catastrophe vient d'arriver : mes toilettes sont bouchées et je reçois du monde ce soir… (…) Vous ne pouvez rien faire avant trois jours ? Vous n'avez pas un collègue qui pourrait… (…) Pour un autre plombier c'est quinze jours ? Et je fais comment en attendant ? (…) Je ne possède pas de quoi ? (…) De vase de nuit ? C'est quoi un vase de nuit ? (…) Je suis désolée, mais nous n'avons pas pensé à mettre un pot de chambre sur notre liste de mariage… C'est un tort, peut-être ? (…) Vous pouvez nous en prêter un ? Quelle délicate attention ! (…) Notre adresse : de Vignemont, 15 avenue Foch. (…) Merci M. Robinet, bonne journée. *(Elle raccroche. Elle hurle.)* Norbert ! Norbert !

Norbert ouvre la porte qui donne aux chambres. Il est toujours en robe de chambre.

NORBERT - Ne crie pas aussi fort, je ne suis pas sourd !

Anne-Catherine - Je viens d'avoir un plombier, malheureusement il ne peut pas effectuer de réparation avant trois jours. Il passera dans la journée pour nous prêter un vase de nuit… enfin, un pot de chambre.

Norbert - C'est papa qui va être content ! Ça lui rappellera sa jeunesse. Par contre, avant de partir à ton bureau, pense à remplacer notre employée de maison que tu as licenciée hier ! D'ailleurs, je ne comprends pas pourquoi. Amandine était très bien.

Anne-Catherine - Pour toi peut-être, alors s'il te plaît ne me cherche pas. Entre les toilettes bouchées, ma mère et le pot de chambre, je suis assez énervée comme ça !

Norbert - Si madame le prend sur ce ton, je me retire.

Norbert sort de scène. Anne-Catherine cherche dans les « Pages Jaunes ».

Anne-Catherine - Parfait ! Une association catholique spécialisée dans le placement d'employées de maison. *(Elle téléphone.)* Allô ! (…) Bonjour madame… (…) Sœur Clotilde ! Bien sûr, excusez-moi ! (…) La raison de mon appel ? Je suis à la recherche d'une employée de maison… (…) Si nous sommes catholiques ? Évidemment ! (…) Baptisés et mariés à l'église. (…) Si nous allons à la messe ? (…) Tous les dimanches ma sœur ! (…) Le profil que je recherche ? Pour être franche avec vous, ma sœur, je me suis séparée de mon employée de maison hier… (…) Pour quelle raison ? Eh bien, c'était une fille jeune, physiquement désirable, mais qui prenait un malin plaisir à faire le ménage en tenue… disons… très, très légère. (…) Quelle horreur ! Je ne vous le fais pas dire ma sœur ! Pour en revenir au profil que je recherche, j'aimerais une personne plus toute jeune et, au risque de vous choquer, pas très excitante et bien sûr très pieuse… (…) Ce profil est très recherché actuellement ? C'est bien ma veine ! Par pitié, ma sœur, trouvez-moi quelqu'un ! Je vous promets de participer généreusement aux bonnes œuvres de votre paroisse… (…) Vous venez d'en trouver une tout à fait par hasard ? Être généreux ça aide parfois… (…) Non, je rendais grâce à Dieu ma sœur ! (…) Elle a un petit défaut physique, elle boite un peu, mais c'est une perle rare ? (…) Pas libre avant quinze jours ? C'est ennuyeux, mais je pense avoir une solution. Je vous appelle de mon bureau dans la matinée pour les formalités. À tout à l'heure sœur Clotilde. *(Elle raccroche. Elle hurle)* Norbert ! Norbert !

Retour de Norbert sur scène. Il est habillé.

NORBERT - Arrête de crier, tu vas réveiller papa.

ANNE-CATHERINE - C'est le dernier de mes soucis. Bon ! J'ai une bonne et une mauvaise nouvelle à t'annoncer.

NORBERT - Commence par la bonne.

ANNE-CATHERINE - C'est le cas de le dire ! J'ai trouvé une employée de maison.

NORBERT - Très drôle ! Et la mauvaise ? Tu ne vas quand même pas me dire qu'elle a une odeur douteuse !

ANNE-CATHERINE - Profite de tes bons mots ! Dans quelques instants, tu vas moins rire. Notre nouvelle employée de maison n'est pas libre avant quinze jours.

NORBERT - Oui, et alors ?

ANNE-CATHERINE - Tu sais que je travaille beaucoup. De ce fait, étant rarement à la maison, aurais-tu la gentillesse seulement pendant quinze petits jours de faire le ménage ?

NORBERT - Il est hors de question que je joue les fées du logis. Je dois rendre le manuscrit de mon livre en fin de mois à mon éditeur.

ANNE-CATHERINE - Parlons-en de ton livre ! « La vie sexuelle des champignons de Paris ». Le dernier c'était « La vie sexuelle des concombres », sujet peut-être érotique mais vendu seulement à vingt-cinq exemplaires. Heureusement que ton éditeur avait mis en très gros sur la couverture, « La vie sexuelle » et en tout petit, petit « des concombres », sinon tu n'en vendais aucun.

NORBERT - Ce n'est pas parce que madame est styliste chez « Flanel », qu'elle est en droit de critiquer mon travail.

ANNE-CATHERINE - Je suis certaine que tes livres feront référence… dans plusieurs générations. En attendant une gloire posthume, on fait plaisir à sa petite femme adorée qui t'aime beaucoup, beaucoup. *(Au public)* J'en fais peut-être un peu trop… *(À Norbert.)* Mon Norbert, je ne te demande pas le grand ménage de printemps, juste un petit coup de propre. Pense à ma mère qui nous rend visite ce soir. Tu ne veux quand même pas la décevoir ?

NORBERT - Bon, d'accord pour le ménage, mais à mi-temps !

ANNE-CATHERINE *(très sensuelle)* - Je t'aime mon amour.

Anne-Catherine sort de scène. Norbert trouve un plumeau. Pour l'occasion, il a revêtu un petit tablier blanc en dentelle appartenant à l'ancienne employée de maison. On sonne à la porte. C'est Philippe.

PHILIPPE - Oh ! comme elle est mignonne avec son petit tablier et son plumeau !

NORBERT - Philippe, je t'en prie, pas d'allusion déplacée.

PHILIPPE - En plus elle est susceptible…

NORBERT - Oui ! Surtout dans ces moments-là !

PHILIPPE - Si je ne peux plus plaisanter parce que monsieur fait le ménage…

NORBERT - Justement ! Tu as parfaitement compris !

PHILIPPE - Alors explique-moi pourquoi tu t'es déguisé ?

NORBERT - Anne-Catherine a eu la merveilleuse idée de licencier Amandine. La prochaine employée de maison n'étant pas libre avant quinze jours, j'assure l'intérim.

PHILIPPE - Déguisé en soubrette ?

NORBERT - Tu as déjà fait le ménage chez toi ?

PHILIPPE - Jamais ! Ni la vaisselle d'ailleurs. Le cerveau des femmes est programmé pour les tâches ménagères, pas le nôtre.

NORBERT - Je ne te suis pas dans ton analyse, bien que je la trouve séduisante. Pour revenir à ta question, j'ai souvent vu Amandine faire la poussière dans cette tenue…

PHILIPPE - Peut-être, mais reconnais que physiquement un tablier de forgeron serait plus adapté pour toi.

NORBERT - Pour faire le ménage ?

PHILIPPE - Mais non ! Écoute, restons-en là pour la tenue vestimentaire. Toujours est-il qu'elle va me manquer Amandine ! Surtout ses minijupes.

NORBERT - Tu vas peut-être me trouver indiscret, mais pour quelle raison es-tu passé ce matin ? C'est pour moi ou pour les minijupes ?

PHILIPPE - Je plaide au Palais en fin de matinée. Ayant un peu de temps libre, je me suis dit : et si j'allais prendre des nouvelles de Norbert !

NORBERT - Et par la même occasion, de celles d'Amandine. Enfin, peu importe ! Tu tombes bien. En tant qu'avocat, peux-tu me trouver un vice de forme concernant le licenciement abusif d'Amandine ?

PHILIPPE - Tout dépend des circonstances. Elle a volé des objets de valeur ?

NORBERT - Non !

PHILIPPE - Son travail ne donnait pas satisfaction ?

NORBERT - Non !

PHILIPPE - Elle couchait avec ton père ?

NORBERT - Je reconnais que papa était sensible à son charme, mais de là à… Quand même !

PHILIPPE - Si tu veux que je t'aide, explique-moi pourquoi ta femme l'a virée au lieu de me faire chercher.

NORBERT - C'est toi qui me poses des questions. Je te réponds !

PHILIPPE - On se calme ! Je t'écoute.

NORBERT - Tu sais que j'écris un nouveau livre…

PHILIPPE - Ah non ! Je ne savais pas. Un roman ?

NORBERT - Un sujet de cette importance est impossible à traiter dans un roman !

PHILIPPE - De quoi s'agit-il exactement ?

Norbert - De la vie sexuelle des champignons de Paris !

Philippe - Les champignons de Paris ont une vie sexuelle ?

Norbert - Parfaitement ! Comme nous !

Philippe - Si cela peut te faire plaisir, pourquoi pas, mais je ne vois pas le rapport avec Amandine.

Norbert - Hier, à cause de la canicule, il faisait une chaleur épouvantable. Dans mon bureau, c'était encore pire. J'ai enlevé mon pantalon pour être en caleçon, espérant avoir moins chaud. Aucune différence. Pensant trouver un peu de fraîcheur au salon, je me suis installé sur le canapé pour corriger mes textes. Amandine, désirant passer l'aspirateur, m'a demandé si elle pouvait se mettre à l'aise. Étant moi-même en caleçon, je ne pouvais pas lui refuser.

Philippe - Avec la canicule d'hier, je te comprends.

Norbert - Anne-Catherine avait oublié des documents à la maison, donc elle passe dans l'après-midi pour les récupérer. Et que voit-elle ?

Philippe - Toi en caleçon !

Norbert - Oui ! Enfin, non ! Elle voit… Elle voit… Amandine passant l'aspirateur dans le salon…

Philippe - J'ai compris ! Elle devait faire le ménage le matin ! Pas l'après-midi ! C'est quand même pas un motif de licenciement.

Norbert - Mais non ! Amandine était… Elle était en string et soutien-gorge !

Philippe - Comment est-elle ?

Norbert - C'est-à-dire ?

Philippe - Eh bien, physiquement, en petite tenue ?

Norbert - Je ne sais pas ! J'étais assis là, je lui tournais le dos.

Philippe - Mais il n'est pas normal ce type ! Tu as une beauté nue dans ton salon…

Norbert - Pas vraiment nue !

Philippe - C'est pareil ! Et tu ne la regardes même pas. Il est fou ! Monsieur préfère les champignons de Paris ! Je rêve ! Tu ne serais pas un peu essoufflé de la braguette ?

Norbert - Non ! Je ne suis pas essoufflé de la braguette. Tu veux des preuves ?

Philippe - Certainement pas !… Bon ! Revenons à ton soi-disant licenciement abusif. Je me vois mal devant les prud'hommes plaider la cause d'Amandine !

Norbert - Et pourquoi ?

Philippe - Norbert ! Tu m'inquiètes vraiment ! Tu as des champignons de Paris à la place du cerveau ou tu le fais exprès ? Si ce n'est pas trop te demander, essaie de réfléchir. Ta femme rentre chez elle à l'improviste et que voit-elle ? Son employée de maison avec une ficelle dans les fesses et toi en caleçon. Ce n'est quand même pas commun. On ne voit pas ça tous les jours, sauf au théâtre ! Reconnais que la situation n'est pas à ton avantage !

Norbert - Si je comprends bien, tu ne peux rien faire ?

Philippe - Ça me paraît difficile, voire impossible !

Norbert - Je savais qu'il ne fallait pas faire confiance aux hommes qui portent une robe pour travailler !

PHILIPPE - Tu es bien placé pour plaisanter ! Tu crois que ton tablier en dentelle c'est mieux ?

On sonne à la porte. Norbert va ouvrir et pousse un cri d'horreur. C'est Justine, la nouvelle employée de maison. Elle a un physique repoussant. Elle arrive avec une très vieille valise.

JUSTINE - Bonjour Monsieur ! Justine Moillon, pour vous servir. Je viens pour la place d'employée de maison.

NORBERT - Je n'ai besoin de personne. Vous vous êtes trompée d'étage ou d'immeuble. Peut-être même de quartier !

JUSTINE - Je suis bien chez M. et Mme de Vignemont, avenue Foch ?

NORBERT - Je ne sais pas ! Je ne sais plus ! Philippe, nous sommes bien chez les de Vignemont ?

PHILIPPE - Voui ! Voui ! Enfin, non… euh… peut-être !

JUSTINE - Votre épouse a fait un chèque important pour les bonnes œuvres de la paroisse, c'est pour cette raison que sœur Clotilde m'a demandé de venir rapidement.

PHILIPPE *(bas, à Norbert)* - Norbert, peux-tu demander à la fille de Belphégor de ne pas rester devant la porte pour que je puisse sortir, s'il te plaît ?

NORBERT *(bas, à Philippe)* - Attends ! Je l'enferme dans la cuisine et je reviens. J'ai une bonne nouvelle à t'annoncer. *(À Justine.)* Pouvez-vous attendre quelques instants ici, le temps de raccompagner mon ami ? Merci ! *(Justine va dans la cuisine. À Philippe.)* Maintenant la bonne nouvelle !

PHILIPPE - Ça va être difficile après cette vision de cauchemar. Tu as bien fermé la porte de la cuisine ? Elle ne risque pas de sortir, même par la fenêtre ?

NORBERT - Ne t'inquiète pas, tu ne risques rien. Je voulais te dire que ma belle-mère passe ce soir pour nous annoncer une grande nouvelle.

PHILIPPE - Quelle femme merveilleuse !

NORBERT - Oui, je sais ! C'est pour cette raison que je t'invite avec ta femme pour prendre l'apéritif avec nous vers vingt heures.

PHILIPPE - Revoir Pamela ! Tu ne peux pas savoir le plaisir que ça me fait… Je peux partir, maintenant ? Je ne risque pas d'être agressé ?

NORBERT - Ne crains rien, la voie est libre.

PHILIPPE - Au fait, concernant Amandine, essaie de connaître sa nouvelle adresse, je passerai la voir pour étudier son cas.

NORBERT - C'est l'avocat qui parle ou l'homme dépravé qui sommeille en toi ? Allez, dépêche-toi de partir sinon j'ouvre la porte de la cuisine. *(Philippe sort. Il téléphone à sa femme.)* Bonjour Martine ! (…) Oui, je vais bien… (…) Oui, je suis en forme… (…) Vous avez des migraines ? Non, personnellement, je n'en ai pas… (…) Les jambes lourdes non plus… (…) Ce n'est pas comme vous… (…) Votre dos vous fait souffrir également ? Bon, écoutez, vous m'envoyez votre bulletin de santé, de mon côté je vous fais parvenir le résultat de mes dernières analyses d'urine. En attendant, passez-moi ma femme ! (…) Ah ! enfin ! Dis-moi, ta secrétaire, tu l'as recrutée en fonction de ses maladies ou de ses compétences ? (…) Non, je ne te dérange pas pour ça ! Voilà ! Il y a une espèce de chose avec deux jambes et deux bras qui se présente pour la place d'employée de maison… (…) C'est merveilleux ? Ton vocabulaire est mal adapté à la situation… (…) Oui, elle est là… (…) Tu veux lui parler ? Je ne sais pas si c'est une bonne idée… (…)

C'est un ordre ? Bon ! Je te la passe. *(Il ouvre avec précaution la porte de la cuisine.)* Ouh ! ouh ! Justine Moillon, vous êtes toujours là ?

JUSTINE - Oui, monsieur de Vignemont. Mais si je peux me permettre…

NORBERT - Permettez-vous !

JUSTINE - Votre cuisine est très mal entretenue !

NORBERT - Monsieur Propre est en congé, il rentrera la semaine prochaine. En attendant son retour, ma femme souhaiterait vous parler.

JUSTINE - Je ne la vois pas. Où est-elle ?

NORBERT - Là !

JUSTINE - Où là ?

NORBERT - Elle est dans le téléphone.

JUSTINE *(au téléphone)* - Bonjour Madame ! (…) Oui Madame, c'est sœur Clotilde qui m'envoie… (…) Je ne devais pas arriver avant quinze jours, c'est vrai, mais sœur Clotilde a pris pitié de vous… (…) Mes références ? J'ai passé ma jeunesse au couvent Sainte-Marie, ensuite j'ai servi le bon curé de la paroisse de Chalamont… (…) Chalamont, les grenouilles, le poulet à la crème ? Je ne sais pas Madame, je suis végétarienne. Suite au décès de ce brave curé, j'ai travaillé chez un évêque. Aujourd'hui, je suis à la disposition de Madame, si Madame le veut bien… (…) Si je boite ? Non Madame, mais je peux faire semblant… (…) C'est inutile ? Merci Madame… (…) Bien Madame. À tout à l'heure Madame. *(Elle raccroche.)*

NORBERT - Que vous a dit ma femme ?

JUSTINE - Madame m'a demandé d'être opérationnelle immédiatement. Pouvez-vous me dire où se trouve ma chambre pour que je puisse déposer ma valise ?

NORBERT - C'est sur le même palier, la porte face à la nôtre. *(Justine va dans sa chambre. Il fait les cent pas dans l'appartement en parlant tout haut.)* Mais qu'est-ce que j'ai fait au Bon Dieu pour mériter ça ? Je suis aimable, toujours prêt à rendre service. Je m'occupe de papa. J'adore ma belle-mère. Je n'ai jamais trompé ma femme. Si, juste une seule fois, mais c'était pour comparer, ça ne compte pas !

> *On sonne à la porte. Norbert va ouvrir. Justine a les bras chargés de peluches.*

JUSTINE - Monsieur, j'ai passé l'âge de dormir avec des peluches. En plus, je ne sais pas à quelle créature appartient ceci ! *(Elle montre à Norbert un soutien-gorge.)* Et cette chambre sent… Elle sent… Enfin, il y a une odeur de…

NORBERT - Une odeur de quoi ?

JUSTINE - Eh bien, ça sent… pardonnez-moi mon Dieu… ça sent la… cocotte !

NORBERT - Je suis désolé, mais nous n'avons jamais eu de poule dans cette chambre… En réfléchissant bien, ce doit être le parfum d'Amandine.

JUSTINE - Je ne sais pas qui est cette personne, mais je me vois dans l'obligation de désinfecter entièrement la chambre. Puis-je demander à Monsieur l'autorisation de mettre un crucifix au-dessus de mon lit ?

NORBERT - Mais bien sûr ! Vous pouvez même tapisser les murs avec des posters du Pape si ça vous fait plaisir !

Justine - Un simple crucifix et l'austérité des lieux suffiront à mon bonheur. Maintenant puis-je rendre votre cuisine moins insalubre?

Norbert - Parce que ma cuisine est insalubre?

Justine - Au risque de choquer Monsieur, elle serait même nuisible à la santé. Monsieur Propre aura moins de travail quand il rentrera de vacances!

Norbert - Écoutez, Justine… Ça ne vous choque pas que je vous appelle Justine?

Justine - Non, Monsieur, tant que Monsieur en reste là!

Norbert - Ne vous inquiétez pas, il n'y a aucun risque. Concernant ma cuisine insalubre, je vous en prie, faites-vous plaisir. Mais, avant que je n'oublie, ce soir vers vingt heures ma belle-mère et un couple d'amis passent prendre l'apéritif. Si vous pouviez nous préparer quelques petits amuse-gueule sympathiques… Vous savez ce que c'est que des amuse-gueule?

Justine - Oui Monsieur! Tout sera prêt pour l'arrivée de vos invités!

Justine part dans la cuisine. Norbert est à genoux dans le salon.

Norbert - Sœur Clotilde, où l'avez-vous trouvée? Il y a bien d'autres couples qui cherchent une employée de maison. Ce n'est pas possible, vous avez organisé un tirage au sort et le grand gagnant c'est moi! Et vous mon Dieu, s'il vous plaît, rendez-moi Amandine. Je vous promets d'aller à la messe tous les dimanches.

On sonne à la porte. Justine va ouvrir. On entend un hurlement de peur. Une personne jette un pot de chambre dans le salon.

JUSTINE - Monsieur, que dois-je faire du pot? Le mettre dans votre chambre?

NORBERT - Non, Justine, il est réservé aux toilettes.

JUSTINE - Pourquoi les toilettes?

NORBERT *(hurlant)* - Parce que les chiottes sont bouchées! Inutilisables!

JUSTINE - Je peux les déboucher, j'ai l'habitude. Au couvent Sainte-Marie, c'est moi qui…

NORBERT - Ah non! Surtout pas! Vous n'allez pas ajouter l'odeur au physique!

JUSTINE - Pardon Monsieur?

NORBERT - Non, rien! Je vais poster du courrier, ça me fera prendre l'air. À tout à l'heure.

Norbert part. Justine reste en scène avec le pot de chambre à la main. Gaston hurle derrière la porte donnant sur les chambres.

GASTON - La porte! Vous allez l'ouvrir? Ouvrez-la ou je la défonce!

JUSTINE - Voilà, voilà, j'arrive!

Justine ouvre la porte. Gaston entre.

GASTON - Eh bien, empotée, pousse-moi, tu vois bien que je ne peux pas marcher. *(Justine le pousse en avant-scène, le pot de chambre pendant à son bras.)* D'où tu sors? Je ne t'ai jamais vue ici. Tu t'es échappée d'un cirque?

JUSTINE - Je m'appelle Justine Moillon et je suis la nouvelle employée de maison.

GASTON - Eh ben ! Tu serais mieux dans un couvent, à l'abri des regards !

JUSTINE - J'en sors, du couvent, Monsieur !

GASTON - C'est le monde à l'envers ! Si maintenant les bonnes sœurs gardent les belles et nous refilent les moches, il ne doit pas rester beaucoup de monde pour prier.

JUSTINE - Doux Jésus ! Ayez pitié de ce pauvre pécheur !

GASTON *(désignant le pot de chambre)* - C'est quoi ça ?

JUSTINE - Un pot de chambre, Monsieur !

GASTON - Je vois bien que c'est un pot de chambre, pas un sac à main… Tu te promènes toujours avec ? T'as des problèmes ?

JUSTINE - Oh ! non, Monsieur ! Les W.-C. sont bouchés et c'est pour…

GASTON - Ah ! c'est beau le progrès ! Une canalisation qui ne veut plus faire son boulot et l'on sort du grenier le pot de la mémé.

JUSTINE - Je dois vous laisser, Monsieur reçoit ce soir…

GASTON - Je n'attends personne !

JUSTINE - Pas vous, l'autre Monsieur !

GASTON - Tu veux parler de mon fils ?

JUSTINE - Vous êtes son père ?

GASTON - Évidemment, puisque c'est mon fils ! Il a invité qui, cet abruti ?

JUSTINE - Sa belle-mère et un couple d'amis.

GASTON - Entre l'autre piquée de belle-mère et le couple d'amis qui ne peut être que le traîne-savates d'avocat, la soirée s'annonce en technicolor…

JUSTINE - Excusez-moi mais je dois préparer l'apéritif pour ce soir.

Justine se dirige vers la cuisine.

GASTON *(l'appelant)* - Rustine !

JUSTINE - Justine, Monsieur, pas Rustine !

GASTON - En parlant d'apéritif, apporte-moi donc à boire !

JUSTINE - Je vais vous chercher de l'eau à la cuisine.

GASTON - Elle veut m'arroser comme un géranium, cette grenouille de bénitier ! Passe derrière le bar et apporte-moi la bouteille de whisky et un verre.

JUSTINE - Faites attention, Monsieur, c'est à boire avec modération.

GASTON - Jusqu'à preuve du contraire, je bois avec qui je veux. Rompez les rangs, direction la cuisine et au pas de course ! Une… Deux… Une… Deux… *(Justine sort. Il s'adresse au public.)* Il paraît que l'amour rend aveugle… Ça ne donne pas envie… Vous avez vu la Rustine ? Eh bien, les p'tits gars, pour avoir une érection avec elle, il faudrait me rouler les pieds comme un vieux tube de dentifrice pour faire monter le jus. *(Norbert est de retour.)* Le champignon de Paris est de retour !

NORBERT - Toujours aussi aimable !

GASTON - Je ne suis pas d'humeur à plaisanter !

NORBERT - Tu as raison, ne change pas tes habitudes.

GASTON - Tu l'as trouvée dans une poubelle ?

NORBERT - De quoi parles-tu ?

GASTON - D'une chose qui ressemble vaguement à une femme et qui est actuellement dans la cuisine !

NORBERT - Tu veux parler de Justine ? Si c'est le ciel qui nous l'envoie. On ne peut pas dire qu'il soit clément avec nous.

GASTON - Laisse le ciel et le Bon Dieu où ils sont. D'où elle sort, cette taupe ?

NORBERT - C'est Anne-Catherine qui l'a recrutée.

GASTON - Ça ne m'étonne pas, il faut s'attendre à tout de la part d'une femme qui a les fesses plates.

NORBERT - Tu ne vas tout de même pas me parler des fesses d'Anne-Catherine à longueur de journée ! De toute façon, tu ne les connais pas.

GASTON - Je n'ai pas envie de faire leur connaissance !

NORBERT - Heureusement, papa ! Mais si tu savais, elles sont douces, bien fendues comme un abricot, une fesse à gauche et l'autre à droite, légèrement rebondies à la base des reins…

GASTON - Tais-toi ! J'ai passé l'âge pour des cours d'anatomie ! Concernant la Rustine, je vais lui rendre la vie tellement impossible qu'elle va faire son balluchon vite fait bien fait.

NORBERT - Je suis de tout cœur avec toi ! Que le ciel t'entende, mon père ! À la guerre comme à la guerre !

RIDEAU

ACTE II

LE SOIR

Anne-Catherine rentre du bureau. Elle s'assoit sur le canapé et retire ses chaussures. Justine sort de la cuisine et sans un bruit se place à côté d'elle.

ANNE-CATHERINE - Je m'en souviendrai de cette journée épuisante. J'ai les pieds dans un état !

JUSTINE - Bonjour Madame.

Anne-Catherine pousse un cri en voyant Justine, puis se met à rire.

ANNE-CATHERINE - Je comprends mieux la réaction de Norbert. Je dois admettre que sœur Clotilde a fait un choix tout à fait remarquable. Vous êtes Justine Moillon ?

JUSTINE - Oui Madame.

ANNE-CATHERINE - Je me présente : Mme de Vignemont. Je suis enchantée de faire votre connaissance. Tout se passe bien ?

JUSTINE - Oui Madame, mis à part votre mari et son père.

ANNE-CATHERINE - Que vous ont-ils fait ?

JUSTINE - Oh ! rien Madame !

ANNE-CATHERINE - Je pose des questions idiotes, ça doit être la fatigue. Ce que je voulais dire, c'est : qu'avez-vous à leur reprocher ?

JUSTINE - Votre mari, je le trouve bizarre ! Il n'arrête pas de parler à des champignons de Paris et son père est odieux.

ANNE-CATHERINE - Norbert a toujours été bizarre. C'est un doux rêveur, mais il n'est pas méchant. Concernant son père, faites comme moi : évitez-le et tenez-vous à distance.

JUSTINE - Bien Madame. Je peux retourner à la cuisine préparer l'apéritif pour vos invités ?

ANNE-CATHERINE - Je vous en prie, faites… *(Justine sort.)* Elle est très bien cette petite… Je dois reconnaître que pour l'avenue Foch, elle fait un peu désordre. Mais tant qu'elle ne fait pas des courses dans le quartier et qu'elle ne rencontre pas des voisins de l'immeuble, tout ira bien.

> *Norbert traverse le salon avec un manuscrit. Il ne voit pas sa femme.*

NORBERT *(lisant)* - « Les champignons de Paris préfèrent les soirs de pleine lune pour s'accoupler. La luminosité de la lune décuple leur sensualité… »

ANNE-CATHERINE - Depuis le temps qu'ils s'accouplent, ils ont fait des bébés tes champignons !

NORBERT - Ah ! t'es là toi !

ANNE-CATHERINE - Je te remercie ! J'ai passé une journée éreintante, mes pieds me font souffrir le martyre et tu ne trouves rien d'autre à me dire que : « T'es là toi ! » Un homme civilisé m'aurait dit : « Bonsoir ma chérie. Pas trop fatiguée ? Assieds-toi, je vais te préparer un apéritif ! Tu veux un ou deux glaçons ? »

NORBERT - C'est nouveau ! Maintenant tu bois en rentrant du boulot ?

ANNE-CATHERINE - Mon pauvre Norbert ! Il y a des jours où je me demande si tu es bête ou si tu le fais exprès !

NORBERT - Je t'en prie !

ANNE-CATHERINE - Bon, n'en parlons plus ! Justine m'a parlé de plusieurs invités pour ce soir ! Qui sont-ils ?

NORBERT - Philippe et Dominique.

ANNE-CATHERINE - Je l'aurais parié ! Tu ne peux pas te passer de ton Philippe. Tu devrais vivre avec lui, ça serait plus simple.

NORBERT - C'est un ami que je connais depuis plus de quinze ans, tu ne peux pas comprendre.

ANNE-CATHERINE - C'est vrai, je te le confirme. Reconnais quand même qu'il est nul : il n'a pas gagné un procès depuis dix ans.

NORBERT - Il se fait payer avant, alors qu'il gagne ou qu'il perde, c'est pareil, l'important est de participer.

ANNE-CATHERINE - Belle mentalité ! Par contre, je ne comprends pas comment un homme aussi macho a pu faire pour épouser une femme comme Dominique. Elle est belle, intelligente, sensuelle…

NORBERT - Tu trouves sensuelle une femme qui s'habille comme un mec ?

ANNE-CATHERINE - C'est son style et ça lui va à ravir.

NORBERT - Tu parles ! C'est tout à fait le genre à mettre des culottes « Petit Bateau ».

ANNE-CATHERINE - Ne parle pas de ce que tu ne connais pas ! Et je dois reconnaître que si j'étais un homme, elle ne me laisserait pas indifférent.

NORBERT - Mais dis-moi, tu n'aurais pas un petit faible pour elle ?

ANNE-CATHERINE - Je t'en prie, Norbert, ne dis pas de bêtises !

NORBERT - C'est simple : il suffit de faire un échange de couple. Je vis avec Philippe et toi avec Dominique et, en cadeau, je te donne Justine.

ANNE-CATHERINE - Ah ! je sens que les reproches concernant Justine ne vont pas tarder à arriver ! Alors pour couper court à la conversation, sache que Justine je ne l'ai pas choisie sur un catalogue. Je viens juste de faire sa connaissance et, si tu as des réclamations à faire, adresse-toi à sœur Clotilde. L'affaire est close !

NORBERT - Pas pour moi ! Je n'ai pas encore dit mon dernier mot. Tu vas assister à la vengeance du Champignon Masqué !

ANNE-CATHERINE - Mon pauvre Norbert ! Tes champignons doivent être hallucinogènes. Je préfère me faire couler un bain relaxant avant l'arrivée de ma mère. Ça me sera beaucoup plus utile que d'écouter un homme qui se prend pour un personnage de bande dessinée.

> *Anne-Catherine sort de scène suivie de Norbert qui va chercher son père. On sonne à la porte. Justine sort de la cuisine. Ne voyant personne, elle va ouvrir. C'est Philippe qui entre, tenant un bouquet de fleurs à la main.*

JUSTINE - Bonjour Monsieur. Entrez !

PHILIPPE - Oui ! Oui !

Philippe fait tout ce qu'il peut pour éviter Justine. Norbert arrive à ce moment avec son père.

NORBERT - Justine, je vous avais dit de rester dans la cuisine.

JUSTINE - C'est vrai Monsieur, mais il n'y avait personne pour ouvrir la porte !

NORBERT - Maintenant je suis là. Dans la cuisine immédiatement et n'en sortez plus !

JUSTINE - Bien Monsieur.

PHILIPPE *(au garde-à-vous)* - Bonsoir mon général !

GASTON - Repos !

NORBERT - Tu es seul ?

PHILIPPE - Non ! Dominique cherche une place pour garer la voiture.

NORBERT - Tu t'es fait retirer tes points ? Tu n'as plus de permis ?

PHILIPPE - Non, pas du tout. Mais quand nous sommes ensemble, c'est elle qui conduit. Ma conduite n'est pas sportive, paraît-il ! J'ai soi-disant le « volant mou ».

NORBERT - Si les reproches ne concernent que le volant !

PHILIPPE - Tu veux peut-être faire allusion à mon levier de vitesses ? Je te rassure, il est en parfait état de marche !

NORBERT - Surtout la marche arrière et la marche avant.

PHILIPPE - Comprends pas !

NORBERT *(simulant avec le bassin)* - Avant… Arrière… Avant… Arrière…

PHILIPPE - Arrête ! Tu vas rendre jaloux tes champignons de Paris.

NORBERT - Tu sais ce qu'ils te disent mes champignons !

GASTON - Silence les bleus ou je vous mets du bromure dans l'pinard ! Et toi, l'avocat, tu la mets en sourdine, surtout quand on se promène avec un petit bouquet de fleurs à la main.

PHILIPPE *(à Norbert)* - J'ai pensé que cela ferait plaisir à ta femme.

NORBERT - C'est très gentil de ta part !

On sonne à la porte. Norbert va ouvrir. C'est Dominique, habillée en homme (costume, cravate). Elle passe devant Norbert sans le regarder.

DOMINIQUE - Salut Norbert. Tu habites un quartier épouvantable, impossible de se garer.

NORBERT - Excuse-moi, Dominique, mais nous n'avons pas choisi notre lieu d'habitation en fonction de ta voiture. Je te promets que si nous déménageons, ça sera la priorité.

DOMINIQUE - Anne-Catherine n'est pas encore arrivée ?

NORBERT - Elle est là, elle trempe dans la baignoire. Elle astique les cuivres et fait briller les chromes.

DOMINIQUE - Tu pourrais avoir un peu plus de respect pour ta femme qui se fait une beauté.

GASTON - C'est à quelle heure l'apéro ? J'ai ma nappe phréatique qui ne se reconstitue pas.

DOMINIQUE - Ton père devait sentir l'antimite pour que tu lui fasses prendre l'air.

GASTON - L'espèce de sauterelle, elle va me parler sur un autre ton…

On entend en coulisse les hurlements d'Anne-Catherine. Elle entre sur scène en pleurs dans une robe coupée au rasoir, tout en lambeaux. Elle se jette dans les bras de Dominique.

PHILIPPE - Je la trouve sexy la nouvelle collection de chez « Flanel ».

DOMINIQUE - Calme-toi. Explique-moi pourquoi ce gros chagrin.

ANNE-CATHERINE - Toute ma garde-robe a été lacérée à coups de rasoir ! Je n'ai plus rien à me mettre !

DOMINIQUE - Ce n'est pas possible ! Qui a pu te faire ça ?

ANNE-CATHERINE - C'est le Champignon Masqué !

GASTON - Je savais que la soirée s'annonçait en technicolor, mais alors là ça dépasse toutes mes espérances !

DOMINIQUE - Mais c'est quoi le Champignon Masqué ?

ANNE-CATHERINE - C'est lui !

DOMINIQUE et **PHILIPPE** - Norbert !

DOMINIQUE - Philippe m'a dit que tu écrivais un livre complètement débile sur les champignons, mais de la à….

NORBERT - Je vous jure que ce n'est pas moi !

ANNE-CATHERINE - Ne jure pas, assassin de garde-robe ! Tu vas me le payer et très cher.

DOMINIQUE - Viens ma chérie ! On va dans ta chambre pour essayer de te trouver une tenue correcte. *(À Norbert.)* De moi aussi, tu vas entendre parler ! Faire ça à une femme aussi fragile !

Anne-Catherine et Dominique sortent.

PHILIPPE - Je ne te comprends pas. Si c'est pour te venger du licenciement d'Amandine, tu aurais pu trouver autre chose et surtout un autre jour. Que va penser ta belle-mère ?

NORBERT - Puisque je vous dis que ce n'est pas moi !

PHILIPPE - En admettant que tu sois innocent, qui peut être le coupable ?

NORBERT - Papa ! Tu n'as quand même pas…

GASTON - Je commençais à m'amuser, mais là ce n'est plus drôle du tout ! Comment veux-tu avec mes pauvres jambes…

PHILIPPE - Je vous crois sur parole, mon général. Résumons-nous ! Si ce n'est pas toi et encore moins ton père, il ne reste plus que… Justine !

NORBERT - Impossible, elle n'est pas sortie de la cuisine.

PHILIPPE - Où étais-tu cet après-midi ?

NORBERT - Je suis sorti faire quelques courses.

PHILIPPE - Et voilà ! Elle a profité de ton absence pour accomplir son crime. Je la vois devant la garde-robe, le rasoir à la main, les yeux exorbités, la bave coulant à la commissure de ses lèvres…

NORBERT - Tais-toi, tu me fais peur ! Bon, admettons que tu aies raison ! Pourquoi aurait-elle fait ça ?

PHILIPPE - Il faut trouver le mobile du crime !

NORBERT - Tu aurais mieux fait d'être flic au lieu d'avocat.

GASTON - Arrêtez de délirer les gamins ! Ça ne peut pas être elle !

PHILIPPE - La parole est à la défense.

GASTON - Pour aller dans la chambre de Norbert, il faut passer devant la mienne. Ma porte est restée ouverte toute l'après-midi. Même une mouche ne passe pas sans me demander l'autorisation. Vous pensez bien que l'autre sac à patates je l'aurais vu !

PHILIPPE - Mais c'est une sorcière ! Elle est capable de traverser les murs !

GASTON - S'il voit la boniche traverser les murs maintenant… Pour moi c'est une crise de delirium aiguë.

NORBERT - Et si c'était Anne-Catherine ?

PHILIPPE - C'est impossible !

GASTON - Tout est possible avec cette folle ! Bravo fiston ! C'est comme à la télé : l'assassin est toujours celui à qui on ne pense pas !

PHILIPPE - Mais pourquoi aurait-elle fait ça ?

NORBERT - Je vais t'expliquer ! Ce matin nous nous sommes disputés à cause de papa.

GASTON - Ce n'est pas de ma faute si elle a les fesses plates !

PHILIPPE - Je n'avais jamais remarqué que ta femme avait…

NORBERT - C'est normal ! Pour toi, passé vingt-cinq ans, c'est déjà des vieilles fesses. Je reviens à mon explication. La dispute a commencé ici et s'est poursuivie dans la chambre. Elle m'a dit : « Je ne veux plus voir ton père dans cet appartement. Si tu ne le mets pas à l'hospice, je divorce ! »

PHILIPPE - Toutes les femmes sont pareilles. Au lieu de trouver une solution à un problème, elles préfèrent divorcer, c'est plus simple !

NORBERT - Tu es mal placé pour parler de divorce. C'est quand même ton fonds de commerce !

GASTON - Les avocats et les huissiers, c'est la plus mauvaise race après les crapauds et les belles-mères !

PHILIPPE - Mon général, je ne vous permets pas d'insulter l'ordre des avocats.

GASTON - Je m'en fous ! Tous des escrocs !

NORBERT - Taisez-vous ! Maintenant, je comprends pourquoi elle a pris un bain en rentrant du boulot.

PHILIPPE - Des milliers de femmes font la même chose.

NORBERT - Pas la mienne. Elle ne prend que des douches. Sur le moment, je n'ai pas fait attention, j'aurais dû vérifier si elle était dans la baignoire. En mon absence, elle avait tout son temps pour découper sa garde-robe !

PHILIPPE - Je ne comprends toujours pas pourquoi elle s'est amusée à faire du découpage de robes.

NORBERT - Parce que vous êtes là et que sa mère va arriver. En m'accusant devant tout le monde, elle a des témoins en cas de divorce. Il suffit qu'elle raconte au juge que j'avais une relation avec Amandine et que suite à son licenciement je suis devenu fou et tous les torts sont pour moi !

PHILIPPE - Si ton analyse de la situation est exacte, tu ne vas pas t'en tirer avec les honneurs.

NORBERT - Tu me crois maintenant ?

PHILIPPE - Tu as peut-être raison. C'est un divorce qui va te coûter une fortune, tous les éléments à charge sont contre toi. Elle va même te demander le remboursement de la totalité de sa garde-robe. Tu as intérêt à en vendre, des champignons de Paris, sinon tu risques de te retrouver rapidement sous les ponts.

GASTON - Si c'est le cas, je ne serai plus seul.

NORBERT - Tu n'es pas seul, papa, je suis là !

GASTON - Peut-être, mais sous les ponts j'aurai des copains pour boire du pinard !

> *Retour sur scène de Dominique et Anne-Catherine portant une jupe en lambeaux et la veste de Dominique. Au même moment, on sonne à la porte. Norbert va ouvrir. C'est Pamela.*

NORBERT - Belle-maman !

PAMELA - Norbert ! *(Ils se jettent dans les bras l'un de l'autre.)* Philippe ! Quel plaisir de te revoir !

PHILIPPE - Tout le plaisir est pour moi, Pamela !

PAMELA - Toujours aussi flatteur ! Viens m'embrasser… *(À Dominique.)* Bonjour Dominique *(Elle lui serre la main. À Anne-Catherine.)* Alors, ma fille, on ne dit pas bonjour à sa petite maman adorée ?

ANNE-CATHERINE - Bonjour !

PAMELA - Tu as une petite mine, ma fille, tu travailles trop et je t'ai connue plus élégante. Si c'est la nouvelle collection de chez Flanel, il va falloir que tu travailles au relooking.

Anne-Catherine - C'est Norbert. Je t'expliquerai !

Pamela - Il est styliste maintenant ? Mon petit Norbert, si tu veux un conseil, change de métier !

Gaston - À moi, elle ne me dit pas bonjour la vieille !

Pamela - Il n'est toujours pas à l'hospice, le fossile ?

Gaston - Ils l'ont laissée sortir de l'asile, cette folle ?

Norbert - Pour une fois, vous ne pouvez pas faire la paix ?

Gaston et Pamela - Jamais !

Anne-Catherine - Taisez-vous ! *(À Pamela.)* Quel est le but de ta visite ?

Pamela - Tu pourrais me parler sur un autre ton !

Norbert - C'est vrai ! Un peu de respect pour ta mère. Alors, belle-maman, quelle est donc la bonne nouvelle que vous deviez nous annoncer ?

Pamela - Je suis sûre que je vais vous faire plaisir !

Anne-Catherine - Je te trouve bien optimiste !

Pamela - Parfaitement, et tu devrais être contente de me voir gaie, heureuse et comblée par la vie.

Philippe - Pamela, vous nous faites languir ! Dites-nous.

Pamela - Eh bien, voilà ! Je vais me… marier !

Gaston - Avec un extraterrestre ! Sur terre aucun homme ne pourrait la supporter.

Anne-Catherine - Mais tu n'y penses pas ! Surtout à ton âge !

Pamela - Comment ça, à mon âge ? Je me trouve encore bien appétissante.

Dominique - Je suis d'accord avec Anne-Catherine : vous n'êtes pas raisonnable !

Norbert - C'est merveilleux ! J'en ai presque les larmes aux yeux !

Philippe - Toutes mes félicitations, Pamela !

Anne-Catherine - Mais tu as pensé à papa ?

Pamela - Au cas où tu l'aurais oublié, ton père est mort depuis vingt ans. D'ailleurs, rassure-toi, je suis allée sur sa tombe pour lui demander son autorisation.

Anne-Catherine - C'est ridicule !

Pamela - Pas du tout ! Je lui ai dit : « Bernard, si tu es contre ce mariage, dis-le-moi ! Par contre, si tu acceptes, ne dis rien ! »

Norbert et Philippe - Et alors ?

Pamela - Il n'a rien dit.

Anne-Catherine - C'est normal ! Tu as déjà entendu un mort parler ?

Pamela - Et alors ? Tu crois bien en Dieu !

Anne-Catherine - Oui, bien sûr !

Pamela - Tu l'as vu ?

Anne-Catherine - Non !

Pamela - Comment peux-tu affirmer que les morts ne parlent pas quand tu crois en Dieu et que tu ne l'as jamais vu ?

Norbert - Belle-maman, dites-nous comment s'appelle l'heureux élu ?

Pamela - Il répond au doux prénom de Roger's.

Norbert - Il n'est pas français ?

Pamela - Non ! Américain !

Philippe - Vous l'avez rencontré comment ?

Pamela - Dans un supermarché au rayon des surgelés !

Gaston - C'est beau le progrès ! Tu entres pour acheter un paquet de lessive et tu te retrouves à la caisse avec un Ricain congelé dans ton chariot !

Pamela - Norbert ! Range ton père dans un placard ou donne-lui à boire, mais fais en sorte qu'il se taise !

Gaston - Donne-moi à boire !

Norbert - Tiens, papa ! Et tais-toi !

Anne-Catherine - Nous en étions au rayon des surgelés !

Pamela - Oui ! Ce jour-là, j'avais une envie folle de manger un p'tit salé aux lentilles. Allez savoir pourquoi… Vous connaissez mes talents de cuisinière ! Ma devise c'est : « Moins j'en fais et mieux je me porte. »

Anne-Catherine - Évite ce sujet de discussion, maman, s'il te plaît ! J'ai passé mon enfance et mon adolescence parmi les boîtes de conserve.

Pamela - Désolée, mais je n'ai jamais eu les moyens d'avoir une employée de maison qui prépare les repas, moi ! Bon ! Revenons à mon histoire. Je me rends au supermarché le plus proche. Ayant trouvé mon bonheur au rayon des surgelés, je flâne un peu dans le magasin et soudain un bel homme s'approche de moi et me dit : « Le p'tit salé aux lentilles c'est mon plat préféré ! » Vous ne trouvez pas ça surprenant ?

DOMINIQUE - Complètement idiot, oui ! Moi je lui aurais retourné deux claques !

PAMELA - Pas moi ! Et le soir même, il était chez moi, à table, pour déguster mon p'tit salé aux lentilles.

ANNE-CATHERINE - Mais tu es inconsciente d'inviter chez toi un homme que tu ne connais pas ! Il aurait pu te violer !

PAMELA - Même pas ! Pourtant j'ai tout fait pour, je t'assure ! Le grand décolleté, la jupe fendue jusqu'à la taille, le string en dentelle, les talons hauts… Eh bien, rien ! Un incorruptible. Ah ! mes enfants ! Je ne sais pas si c'est l'alcool, mais à la fin du repas j'avais retrouvé mes vingt ans. Je lui ai sauté dessus ! Après avoir déchiré sa chemise, je l'ai couché sur le tapis du salon. Si vous saviez ! J'étais devenue incontrôlable !

ANNE-CATHERINE - Elle est folle ! Ma mère est folle !

GASTON - Depuis le temps que je vous le dis !

NORBERT - Au lieu de critiquer ta mère, tu ferais mieux de prendre exemple sur elle de temps en temps !

ANNE-CATHERINE - Ah ! toi, surtout, ne la ramène pas !

DOMINIQUE - Anne-Catherine a raison ! Obsédé !

PHILIPPE - Vous le connaissez depuis longtemps ?

PAMELA - Quinze jours !

ANNE-CATHERINE - Seulement ! Et tu veux te marier ? C'est de la folie !

PAMELA - Et alors? Certains couples attendent dix ans avant de se marier et quinze jours après ils divorcent. Moi je fais l'inverse!

PHILIPPE - Pamela a raison. Je me souviens d'un couple qui…

DOMINIQUE - On s'en fout! Et que fait-il, Roger's, dans la vie?

PAMELA - Il gagne des fortunes en Bourse! Regardez la bague qu'il m'a offerte!

NORBERT - Magnifique!

PHILIPPE - Superbe!

ANNE-CATHERINE - Ça ne m'intéresse pas!

PAMELA - Quand tu la recevras en héritage, tu changeras d'avis!

NORBERT - Et le mariage? C'est pour quand?

PAMELA - Le mois prochain et à Las Vegas!

NORBERT et PHILIPPE - À Las Vegas!

PAMELA - Bien entendu, vous êtes tous invités, c'est Roger's qui finance!

ANNE-CATHERINE - J'ai mal au ventre!

DOMINIQUE - Que t'arrive-t-il ma chérie?

ANNE-CATHERINE - Tout! Ma garde-robe, ma mère, Norbert, le mariage… Excusez-moi, mais je dois me rendre au petit coin! La coupe déborde! Quelle famille!

Anne-Catherine sort.

NORBERT - Belle-maman, excusez Anne-Catherine mais aujourd'hui elle en veut au monde entier.

ANNE-CATHERINE *(off)* - Au secours! Au secours! Venez me délivrer!

Pamela et Dominique se précipitent pour la rejoindre.

GASTON - Elle n'a pas pu tomber dans le trou, c'est un pot de chambre!

PHILIPPE - À mon avis, elle a dû se faire attaquer par la nouvelle employée de maison!

NORBERT - Impossible! Elle n'est pas sortie de la cuisine!

PHILIPPE - Quand je te dis qu'elle traverse les murs, tu ne me crois pas!

Retour sur scène d'Anne-Catherine, assise sur le pot de chambre et portée par Pamela et Dominique.

ANNE-CATHERINE - Assassin!

PAMELA - Criminel!

DOMINIQUE - Escroc!

NORBERT - Mais que se passe-t-il? Pourquoi vous m'agressez?

ANNE-CATHERINE - Tu as le culot de demander pourquoi?

PAMELA - Je t'aimais bien, Norbert! Mais c'est fini, je te retire mon affection!

NORBERT - Dites-moi ce que vous me reprochez au lieu de m'insulter!

ANNE-CATHERINE - Tu le sais très bien.

NORBERT - Malheureusement non !

DOMINIQUE - Pourquoi as-tu mis de la colle sur le rebord du pot de chambre ?

NORBERT - Quoi ?

GASTON - Je me marre ! Je me marre !

PHILIPPE - Pour les robes, je peux comprendre, mais alors là, tu vas quand même pas me dire qu'elle est maso au point de se coller les fesses sur un pot !

NORBERT - En tant qu'avocat et ami, tu ferais mieux de prendre ma défense.

DOMINIQUE - Philippe, appelle le SAMU, on va commencer à descendre par l'ascenseur.

ANNE-CATHERINE - Mettez-moi une couverture sur la tête, je ne veux pas qu'un voisin me reconnaisse.

DOMINIQUE - Je vais en chercher une, ma chérie !

PHILIPPE *(au téléphone)* - Allô ! Le SAMU ? (…) Pouvez-vous venir rapidement ? C'est pour une urgence… (…) Non, ce n'est pas pour une crise cardiaque, c'est plus bas… (…) Non, pas le ventre… (…) Les reins ? Pas du tout, encore plus bas… (…) Mais non, pas les jambes !

ANNE-CATHERINE - Tu as fini de jouer aux devinettes ?

PAMELA - Dis-lui la vérité et qu'on n'en parle plus !

PHILIPPE - Vous l'aurez voulu. *(au téléphone)* C'est pour une paire de fesses collée sur un pot de chambre… (…) Et ça vous fait rire… (…) Bien, d'accord… (…) L'adresse où se trouvent les fesses ? 15 avenue Foch. *(Il raccroche.)*

ANNE-CATHERINE - Il t'a dit quelque chose ?

PHILIPPE - Ils seront là dans cinq minutes et c'est la première fois qu'ils ont ce genre d'intervention. Ils viennent avec des copains.

ANNE-CATHERINE - Je refuse de partir avec des obsédés !

PAMELA - Les détraqués, je m'en occupe. Ne t'inquiète pas !

Dominique revient avec la couverture et couvre Anne-Catherine.

ANNE-CATHERINE - Quand je sortirai de l'hôpital, pense à prendre un bon avocat, tu en auras besoin pour le divorce.

PAMELA - Et moi, je vais te rayer de la liste des invités à mon mariage.

PHILIPPE - Je viens avec vous !

DOMINIQUE - C'est hors de question ! Je suis sûre que tu es de connivence avec Norbert. Moi aussi je demande le divorce, ignoble personnage !

Elles sortent de scène.

GASTON - Bravo fiston ! Tu as réussi à mettre dehors la mère et la fille. Il ne reste plus que la Rustine. Je n'en demandais pas tant ! Ça s'arrose !

Justine sort de la cuisine d'où s'échappe une épaisse fumée.

JUSTINE - Vite ! Tout le monde dehors ! La cuisine prend feu !

Philippe sort le premier.

GASTON - Et moi? Vous n'allez pas me laisser griller comme Jeanne d'Arc !

JUSTINE - Lève-toi et marche !

Gaston se lève et part en courant suivi de Justine. Norbert tombe à genoux, face au public.

NORBERT - C'est un miracle ! Papa marche !

RIDEAU

ACTE III

QUINZE JOURS PLUS TARD

Norbert fait les cent pas sur scène avec le manuscrit de son livre à la main.

NORBERT *(lisant)* - « Cas rarissime, mais qui mérite une explication. Certains champignons de Paris sont homosexuels. Pourquoi ? Une étude récente fait apparaître… »

On sonne à la porte, Norbert va ouvrir. C'est Philippe, tenant par la taille une très belle jeune fille.

PHILIPPE - Bonjour Norbert !

NORBERT - Bonjour.

PHILIPPE - Je te présente Ingrid !

NORBERT - Bonjour.

PHILIPPE - Ingrid, tu as devant toi l'un de nos plus illustres écrivains !

INGRID - Ah bon ! Il écrit quoi ?

PHILIPPE - « La vie sexuelle des champignons de Paris » !

INGRID - Si ça parle de sexe, ça doit être bien ! Il y a des photos ?

PHILIPPE - Je ne pense pas. Tu n'as qu'à lire. *(Il prend le manuscrit des mains de Norbert et le donne à Ingrid. Puis à Norbert, bas.)* Tu as vu cette petite caille ? Elle est bonne, tu ne trouves pas ?

NORBERT *(bas)* - Ils livrent une boîte de viagra avec ?

PHILIPPE *(bas)* - Tu me prends pour qui ? Depuis que Dominique est partie, j'ai rajeuni de vingt ans.

NORBERT *(bas)* - Il faut bien ça, compte tenu de l'âge de ta caille !

INGRID - Il est dégueulasse ce bouquin !… Ne me regardez pas comme ça, c'est vrai quoi ! Des champignons qui font l'amour, c'est pire que la monophilie.

NORBERT - Je pense que vous voulez dire la zoophilie.

INGRID - Zoo… Comme ça vous chante. En tout cas, c'est dégoûtant !

NORBERT - Mon livre n'est pas à la portée de n'importe qui. Il faut avoir un esprit scientifique et, apparemment, ce n'est pas votre cas.

INGRID - Je ne suis peut-être pas ce que vous dites, mais je suis saine, moi !

NORBERT - Je vous souhaite de le rester longtemps, sinon vous risquez d'en attraper des champignons et ils ne seront pas de Paris ceux-là !

PHILIPPE - Mon petit poulet de grain, tu as sur le bar de la lecture saine et intellectuelle : « Ici Paris », « Voici », « Gala »…

Sers-toi… Assieds-toi sur la chaise de pépé et laisse-moi discuter avec mon ami.

INGRID - Merci mon Philippou ! Au moins, toi, tu me comprends !

Ingrid s'éloigne pour lire le magazine.

NORBERT - Où l'as-tu trouvée cette fille ? Elle est majeure au moins ?

PHILIPPE - Bien sûr ! Elle n'est pas très intelligente, j'en conviens, mais tu as vu comme elle est foutue ? Et surtout… *(Il parle tout bas à l'oreille de Norbert.)*

NORBERT - Ce n'est pas vrai ! Je dois reconnaître que ça compense !

PHILIPPE - Et pour toi, tout va bien ?

NORBERT - Pas vraiment. Depuis quinze jours, je n'ai aucune nouvelle de mon père, ni même de ma femme et encore moins de Justine !

PHILIPPE - Concernant le miraculé, il doit faire la tournée des bistrots plutôt que de boire l'eau bénite. Pour Justine, tu devrais sortir le champagne pour fêter son départ !

NORBERT - Je ne lui en veux pas à mon père. Depuis le temps qu'il est assis sur cette chaise, il a bien le droit de s'amuser un peu. C'est Anne-Catherine qui m'inquiète le plus !

PHILIPPE - Justement, j'étais passé pour te donner de ses nouvelles !

NORBERT -Tu ne pouvais pas le dire tout de suite au lieu de me parler des dons cachés de ta poulette ?

INGRID - Hé! ho! Soyez polis! Je ne lis pas avec les oreilles, j'entends tout!

NORBERT - Vous feriez mieux de sortir avec des gamins de votre âge au lieu de vous pavaner au bras d'un homme qui pourrait être votre père!

INGRID - Je sors avec qui je veux et je vous…

PHILIPPE - Vous allez la fermer tous les deux!

NORBERT - Excuse-moi Philippe mais j'ai les nerfs à vif.

PHILIPPE - Avant d'entendre ce que j'ai à te dire, veux-tu que je te serve un verre d'alcool très fort? Tu risques d'en avoir vraiment besoin!

NORBERT - Inutile! Au point où j'en suis, je peux tout entendre!

PHILIPPE - Permets-moi d'en douter… Tu sais que Dominique a demandé le divorce. Nous nous sommes rencontrés pour les formalités, la pension, les comptes en banque, les meubles et cetera et cetera. Et elle m'a appris qu'elle vivait avec ta femme.

NORBERT - Un appartement pour deux, c'est bien, ça limite les frais!

PHILIPPE - Tu ne comprends pas! Elles partagent aussi le lit!

NORBERT - Ah bon! Elles n'ont qu'une chambre?

PHILIPPE - Tu ne comprends toujours pas?

NORBERT - Tu ne vas quand même pas me dire qu'elles ont emménagé dans un studio? Anne-Catherine qui aime les grands espaces, elle doit être malheureuse, la pauvre!

PHILIPPE - Je t'annonce avec diplomatie, pour t'éviter un choc émotionnel, que nos femmes sont devenues lesbiennes et tu refuses de comprendre !

NORBERT - Non !

PHILIPPE - Si !

INGRID - Ce n'est pas vrai !

NORBERT - Ta femme, avec ses allures de mec, pourquoi pas, mais Anne-Catherine, c'est impossible, je ne te crois pas !

PHILIPPE - Quand vas-tu descendre de ton petit nuage ? On vit sur terre, pas dans les étoiles ! Regarde la vérité en face, arrête de rêver !

NORBERT - Et toi, arrête de me donner des conseils ! Prends ta petite poulette sous le bras et dégage. Laisse-moi seul !

PHILIPPE - Tu viens, mon Trésor ?

INGRID - Oui, mon Philippou ! Dis donc, il n'a pas l'air content ton copain !

PHILIPPE - La vérité n'est pas toujours bonne à entendre !

Philippe et Ingrid partent.

NORBERT - Papa, où que tu sois, écoute-moi, j'ai une grande nouvelle à t'annoncer. Aujourd'hui, tu vas être fier de moi. Je me mets à l'alcool. Je vais boire !

On sonne à la porte. Norbert va ouvrir. Gaston et Pamela entrent dans l'appartement, bras dessus bras dessous, en chantant « C'est à boire qu'il nous faut ».

GASTON - Salut fiston !

NORBERT - D'où sortez-vous tous les deux ?

PAMELA - Sers-nous à boire mon petit Norbert !

Norbert leur sert à boire.

GASTON - Santé, bonheur, famille, amour, patrie !

PAMELA - Gloire et beauté ! À la tienne Norbert !

GASTON - Si tu savais ! Pamela est toujours gaie, elle pétille comme du champagne.

PAMELA - Tu es extraordinaire, mon Gastounet !

NORBERT - Ça ne m'explique pas ce que vous faites ensemble !

PAMELA - On s'aime, tout simplement !

NORBERT - Mais vous étiez comme chien et chat !

PAMELA - On se connaissait mal. Mets-toi à la place de ton père, assis depuis des années dans sa chaise. Il y a de quoi devenir fou ! Depuis qu'il marche, ce n'est plus le même !

NORBERT - Et votre mariage avec Roger's ?

GASTON - Ah ! ne me parle pas du Ricain ! Si je le trouve, c'est un homme mort !

PAMELA - C'était un escroc ! Il n'est pas plus Ricain que ton père. Il se faisait passer pour un homme riche. En réalité, il dépouillait les femmes seules.

NORBERT - Et Las Vegas ? La bague ?

PAMELA - Las Vegas, c'était une excuse pour me soutirer de l'argent. Concernant la bague, c'était une fausse.

GASTON - Ne sois pas déçue, je t'en achèterai une vraie avec ma pension de guerre !

PAMELA - Oh ! merci mon amour !

NORBERT - « Merci mon amour ! » J'aurai tout entendu aujourd'hui !

PAMELA - Norbert, je désire te demander quelque chose !

NORBERT - Je vous écoute belle-maman.

PAMELA - Gaston et moi, nous désirons nous marier et je voudrais que tu m'accordes la main de ton père !

NORBERT - Prenez les deux ! Je m'en fous !

GASTON - Gamin ! Je te prie de parler poliment à ma future femme !

NORBERT - Vous êtes majeurs. Vous n'avez pas besoin de mon autorisation.

GASTON - Peut-être, mais pour notre bonheur, nous désirons ton consentement !

PAMELA - Parfaitement !

NORBERT - Bon, d'accord, vous l'avez !

PAMELA - Merci mon petit Norbert ! C'est le plus beau jour de ma vie !

GASTON - Moi aussi ! Ça s'arrose ! Sers-nous un coup à boire !

PAMELA - T'as raison Gaston !

Norbert leur sert à boire.

GASTON - Je te trouve triste. Tu ne partages pas notre bonheur !

Norbert - C'est vrai, mais je viens d'apprendre qu'Anne-Catherine m'a quitté pour Dominique. Elles vivent ensemble.

Pamela - Nous sommes au courant. C'est bien triste pour toi. Laisse faire le temps, je suis sûre qu'elle reviendra.

Gaston - Si ce jour arrive, j'espère bien qu'il la mettra dehors. Il ne va quand même pas coucher avec une femme qui sort des bras d'une autre !

Pamela - Je t'interdis de critiquer ma fille !

Gaston - Je m'en fous de ta fille ! Mon fils a besoin de conseils !

Pamela - Anne-Catherine a certainement agi sur un coup de tête ! Dominique, c'est une vicieuse, elle l'a envoûtée.

Gaston - Oh ! mémé, tu regardes trop la télé, t'as les neurones qui foutent le camp !

Norbert - Le bonheur est éphémère ! Si vous voulez éviter un divorce, ne vous mariez pas !

Pamela - C'est vrai, excuse-moi mon amour.

Gaston - Je te pardonne, ma chérie. Allez, un dernier coup pour la route, ensuite on passe dans ma chambre.

Norbert - Vous n'allez quand même pas faire des galipettes ici !

Pamela - Mais non, mon petit Norbert ! Ton père vient vivre chez moi. Nous sommes venus chercher ses affaires.

Norbert - Faites comme chez vous, future madame de Vignemont !

PAMELA - C'est vrai, je vais m'appeler de Vignemont ! Ça fait chic sur une carte de visite !

Pamela et Gaston vont dans la chambre. On sonne à la porte. Norbert va ouvrir. C'est Dominique et Anne-Catherine.

NORBERT - Vous n'avez pas honte de venir ici ?

ANNE-CATHERINE - Je viens récupérer mes affaires.

NORBERT - Ah bon ! Lesquelles ?

ANNE-CATHERINE - Mes bijoux, crèmes de soin, parfums et ma brosse à dents.

DOMINIQUE - Sans oublier tes sous-vêtements ma chérie !

ANNE-CATHERINE - Oui, bien sûr !

DOMINIQUE - En cadeau nous te laissons la garde-robe !

ANNE-CATHERINE - Tu m'accompagnes, Domi ?

Norbert se met les bras en croix contre la porte donnant sur les chambres.

NORBERT - Je t'interdis de passer cette porte ! Reviens un autre jour !

DOMINIQUE - Et pourquoi ?

NORBERT - Parce que… Parce que…

ANNE-CATHERINE - Tu m'as déjà remplacée ?

NORBERT - Mais non, pas du tout ! C'est pour une autre raison !

ANNE-CATHERINE - Elle a intérêt à être bonne !

DOMINIQUE - Nous t'écoutons !

NORBERT - Je sais que vous n'allez pas me croire !

DOMINIQUE - Difficile d'accorder sa confiance à un menteur !

ANNE-CATHERINE - Norbert, laisse-moi passer, je ne vais que dans la salle de bains !

NORBERT - Oui… euh… voilà… euh… la salle de bains !

Il cherche une idée pour qu'elle n'entre pas.

DOMINIQUE - Il ment encore ! Il ne t'a pas remplacée mais il y a une fille dans la baignoire.

NORBERT - Mais non ! C'est… C'est… Oui ! C'est ça, c'est la baignoire !

ANNE-CATHERINE - Elle est bouchée aussi ?

NORBERT - Oui… Par des champignons !

ANNE-CATHERINE - Mais il est fou ! Il a mis des champignons dans ma baignoire ?!

NORBERT - Ce n'est plus la tienne et, surtout, il ne faut pas les déranger, la lumière leur est néfaste !

La porte contre laquelle se trouve Norbert s'ouvre brutalement. C'est Pamela.

PAMELA - Vous avez du culot de venir ici !

NORBERT - Bon ! Je vous laisse en famille, j'ai de la vaisselle qui m'attend.

ANNE-CATHERINE - Je ne suis pas encore divorcée et jusqu'à preuve du contraire je suis toujours chez moi !

DOMINIQUE - Et vous que faites-vous ici ?

PAMELA - J'étais dans la chambre !

Anne-Catherine - Quoi ? Tu couches avec Norbert ?

Pamela - Pas du tout… Je vais me marier !

Dominique - Avec un Américain, nous le savons déjà !

Pamela - Mais non ! Avec un autre !

Dominique - Si ta mère en essaie un nouveau tous les quinze jours, elle a intérêt à prendre des fortifiants !

Anne-Catherine - Tu ne vas quand même pas me dire que tu viens les essayer ici !

Dominique - Je comprends pourquoi Norbert ne voulait pas nous laisser entrer !

En coulisse, on entend la voix de Gaston.

Gaston *(off)* - Mon amour, viens me donner un coup de main pour les valises !

Pamela - J'arrive mon Gastounet !

Anne-Catherine - C'est bizarre, il me semble reconnaître cette voix… *(Gaston entre dans le salon en portant une valise.)* Il marche… Gaston marche !

Gaston - C'est certainement pas grâce à toi ! Et qu'est-ce que vous foutez là toutes les deux ?

Pamela entre à son tour dans le salon avec une valise.

Pamela - Vous avez fait connaissance ?

Anne-Catherine - On se connaît déjà !

Pamela - Je vous présente mon futur mari !

Gaston - Eh oui !

DOMINIQUE - Pince-moi ma chérie, je dois faire un cauchemar !

ANNE-CATHERINE - Rassure-moi : c'est une blague… Tu ne vas quand même pas te marier avec lui ?

PAMELA - Je fais ce que je veux ! De toute façon, tous les hommes que je te présente ne te plaisent pas !

ANNE-CATHERINE - Mais c'est le père de Norbert !

PAMELA - Justement, ce n'est pas un étranger, on reste en famille.

DOMINIQUE - Ma chérie, dans ton malheur, tu as quand même de la chance !

ANNE-CATHERINE - Pourquoi ?

DOMINIQUE - Ils sont trop vieux pour faire des bébés !

GASTON - Peut-être, mais vous, à part l'adoption, vous ne risquez pas d'en avoir !

PAMELA - Mon mari a raison !

GASTON - Bon, on y va ! Tu m'as trop embrassé dans les valises, j'ai le gosier en feu ! Il faut que j'éteigne l'incendie. J'ai soif !

PAMELA - Où est Norbert ?

DOMINIQUE - Le courageux s'est enfermé dans la cuisine.

PAMELA - Vous lui direz au revoir de notre part !

DOMINIQUE - Et puis quoi encore ?

PAMELA - Non, rien, juste ça ! On y va mon Gastounet ?

GASTON - Quand tu veux ma Choupinette !

PAMELA - Que tu es bête !

Gaston et Pamela sortent de l'appartement.

ANNE-CATHERINE - Allons chercher mes affaires, je ne veux pas rester plus longtemps dans cette maison de fous !

On sonne à la porte. Norbert sort timidement de la cuisine. Ne voyant personne, il va ouvrir. C'est Marie. Elle reste en coulisse, cachée du public. Ce rôle peut être joué par Ingrid.

NORBERT - Bonjour mademoiselle !

MARIE - Bonjour, je m'appelle Marie Martin. C'est sœur Clotilde qui m'envoie pour la place d'employée de maison.

NORBERT - Trop tard, j'en ai déjà une !

MARIE - Ah bon ! Vous n'avez pas pu attendre ?

NORBERT - Attendre quoi ?

MARIE - Sœur Clotilde vous avait bien dit que je n'étais pas libre avant quinze jours !

NORBERT - C'est vrai, et je dois reconnaître que physiquement vous êtes plus appétissante que Justine. *(Il fait des gestes explicites.)*

MARIE - Oh ! Monsieur !

NORBERT - Je ne vous retiens pas, mademoiselle. Bonjour à sœur Clotilde !

Norbert ferme la porte. Retour de Dominique et Anne-Catherine qui porte un gros sac.

ANNE-CATHERINE - J'espère que je n'ai rien oublié !

DOMINIQUE - Ne t'inquiète pas ma chérie, j'ai bien regardé.

ANNE-CATHERINE - Ah! Norbert! Tu vas recevoir un courrier de mon avocat. Nous nous reverrons pour la dernière fois au tribunal!

DOMINIQUE - Adieu, champignon vénéneux!

Dominique et Anne-Catherine sortent de l'appartement.

NORBERT - Enfin seul. Je vais pouvoir travailler… Où est mon manuscrit?… Ah! le voilà! *(Il lit.)* « Les champignons de Paris, sous une apparence trompeuse, sont comme les humains : aucun ne se ressemble… Et ils ne sont jamais au bout de leurs surprises! » *(On sonne à la porte. Il va ouvrir. C'est Ingrid.)* Vous avez oublié quelque chose?

INGRID - Je ne pense pas.

NORBERT - En effet, je m'en suis aperçu.

INGRID - Ce n'est pas très gentil!

NORBERT - La gentillesse et moi, on ne fait pas bon ménage actuellement. Philippe n'est pas avec vous?

INGRID - Nous nous sommes disputés en sortant d'ici.

NORBERT - Pourtant il avait l'air d'être très amoureux.

INGRID - Pas de moi!

NORBERT - De qui?

INGRID - De ça! *(Elle se tape sur les fesses.)*

NORBERT - Écoutez, si vous êtes venue ici pour me raconter vos histoires de… enfin, vos chagrins d'amour, j'ai autre chose à faire. Maintenant, dehors! *(Il la pousse dehors.)*

INGRID - Attendez!

Norbert - Quoi encore ?

Ingrid - Vous vous appelez bien de Vignemont ?

Norbert - Depuis que je suis tout petit. *(Nouvelle tentative pour la mettre dehors.)* Maintenant, laissez-moi tranquille !

Ingrid - Attendez !

Norbert - Cette fille va me rendre fou !

Ingrid - Dans votre famille, avez-vous un militaire de carrière qui s'appelle Gaston de Vignemont ?

Norbert - Oui, c'est mon père. Pourquoi ? Vous le connaissez ?

Ingrid - Non, pas encore, mais je désire le rencontrer !

Norbert - Pour quelle raison ?

Ingrid - Parce qu'il a engrossé ma mère !

Norbert - Pamela ?

Ingrid - Non, Ursula !

Norbert - D'où elle sort, celle-ci ?

Ingrid - Du même endroit que tout le monde.

Norbert - Je vous l'accorde, mais en quinze jours, c'est impossible !

Ingrid - Je ne sais pas, mais en tout cas je suis sûre que c'est lui ! Ma mère m'a dit qu'il avait une cicatrice à l'épaule gauche et une autre à la jambe droite, provoquées par un éclat d'obus !

Norbert - Ce sont ses blessures de guerre ! Et alors ? Pourquoi votre mère ne règle-t-elle pas ses affaires directement avec mon père ?

INGRID - Hélas, elle n'est plus de ce monde. Je suis seule maintenant.

NORBERT - Déjà ? Eh bien, il s'en passe en quinze jours ! Je vous trouve bien en forme pour une orpheline.

INGRID - Détrompez-vous, j'ai eu beaucoup de chagrin !

NORBERT - Ça ne se voit pas ! Bon, je vais tirer cette affaire au clair. Si vous m'avez raconté des bêtises, je vous mets dehors à coups de pied dans le… *(Il téléphone à son père.)* Allô ! (…) Belle-maman, est-il possible de parler à mon père ? (…) Il dort ? Eh bien, réveillez-le ! (…) Il ronfle paisiblement ? C'est normal, ça prouve qu'il est encore vivant. (…) Vous n'osez pas perturber son sommeil ? Je m'en fous… Dites-lui qu'une catastrophe vient de me tomber dessus.

INGRID - Merci pour moi !

Norbert attend au téléphone. Il se sert un verre d'alcool.

NORBERT *(au téléphone)* - Ah ! papa ! Connais-tu une certaine Ursula ? (…) Mais ne crie pas comme ça !

INGRID - Qu'est-ce qu'il a dit ?

NORBERT - C'est trop grossier, je n'ose pas vous le répéter. En tout cas, il ne connaît pas d'Ursula !

Ingrid arrache le téléphone des mains de Norbert.

INGRID *(au téléphone)* - Gaston, je vous cherche depuis des années. Je m'appelle Ingrid et je suis votre fille.

NORBERT - Quoi ?!

INGRID - Il a raccroché !

NORBERT - Vous êtes la fille de mon père ? Ma sœur ?

INGRID - Eh bien, oui !

NORBERT *(éclatant de rire)* - Mais elle fume des champignons cette petite ! Allez, faites-moi rire, racontez !

INGRID - Maintenant, on pourrait peut-être se tutoyer !

NORBERT - N'allons pas trop vite. Je vous écoute !

INGRID - Il y a vingt ans, votre père a eu des problèmes pulmonaires.

NORBERT - C'est vrai.

INGRID - Une infirmière passait une fois par semaine pour ses soins.

NORBERT - Je me souviens, il me semble qu'elle était blonde.

INGRID - C'était ma mère. Elle était célibataire et très belle. Ce qui devait arriver arriva. Je suis née neuf mois après.

NORBERT - Je ne comprends pas pourquoi il a gardé ce secret pendant vingt ans.

INGRID - Il ne le savait pas, ma mère lui a caché sa grossesse.

NORBERT - Pourquoi ?

INGRID - Il était marié, elle ne voulait pas être à l'origine d'un drame familial.

NORBERT - Marié, ensuite veuf et maintenant fiancé à ma belle-mère. On peut dire qu'il ne s'ennuie pas.

INGRID - Moi-même je n'étais pas au courant. Ma mère m'a parlé de lui juste avant son décès, il y a trois ans. Depuis je le cherche et grâce à Philippe je l'ai trouvé.

Norbert - Parlons-en de celui-là. Tu n'as pas honte de fricoter avec lui ?

Ingrid - Tiens ! On se tutoie maintenant !

Norbert - Ça m'a échappé. C'est à cause de Philippe.

Ingrid - Si tu veux tout savoir, c'était mon argent de poche.

Norbert - Eh bien, bravo ! Tu sors avec mon meilleur copain pour arrondir tes fins de mois, à ton âge !

Ingrid - Je n'ai pas de famille, maman n'a jamais refait sa vie et je vis chez un oncle et une tante.

Norbert - Tu ne travailles pas ?

Ingrid - Je suis payée par l'État à ne rien faire !

Norbert - Fonctionnaire ! C'est bien.

Ingrid - Non, chômeuse.

Norbert - C'est vrai que pour certains, c'est un métier.

Ingrid - Ne m'en parle pas ! Entre les rendez-vous à l'A.N.P.E., les démarches, les stages et la recherche d'un emploi, c'est huit heures de boulot par jour.

Norbert - Je te propose quelque chose.

Ingrid - J'espère que c'est honnête !

Norbert - Évidemment ! Premièrement, tu vas faire ta valise. Deuxièmement, tu viens habiter ici, j'ai une chambre de libre. Troisièmement, tu reprends des études. Et quatriè-mement, je surveille tes fréquentations.

Ingrid - Je peux t'appeler Nono ?

Norbert - Au point où nous en sommes, pourquoi pas !

INGRID - Et papa ?

NORBERT - Nous lui annoncerons la nouvelle avec précaution le moment venu.

INGRID - Merci mon Nono ! Je peux t'embrasser ?

NORBERT - Oui, ma petite Ingrid… Allez, pars vite et reviens ce soir. *(Ingrid sort.)* Je peux dire qu'aujourd'hui j'ai eu ma dose d'adrénaline. Un peu de jeunesse dans cet appartement va me faire le plus grand bien. *(On sonne à la porte.)* Encore ! Mais c'est le défilé du 14 juillet aujourd'hui !

Norbert va ouvrir. C'est Justine.

JUSTINE - Bonjour Monsieur !

NORBERT - Il ne manquait plus que vous !

JUSTINE - Monsieur a eu de la visite ?

NORBERT - C'est peu de le dire ! Où étiez-vous passée pendant quinze jours ?

JUSTINE - Je me suis retirée dans un monastère pour faire une retraite spirituelle. J'en avais bien besoin !

NORBERT - Écoutez, Justine, je vous remercie d'avoir rendu ses jambes à mon père, mais si c'est pour reprendre votre emploi je n'ai besoin de personne !

JUSTINE - Je suis tout simplement venue vous apporter la bonne parole !

NORBERT - Gardez-la pour vous ! J'en ai assez entendu pour aujourd'hui ! Entre Philippe qui a séduit ma sœur, mon père qui part avec ma belle-mère et ma femme qui a viré de bord… Que voulez-vous m'apprendre de plus ?

JUSTINE - Les voies du Seigneur sont impénétrables! L'ange Gabriel m'a dicté ma conduite!

NORBERT - Plus rien ne peut me surprendre, même si vous me faites un strip-tease!

JUSTINE - Bien Monsieur! Je suis à votre service! Monsieur m'autorise à mettre de la musique pour mon effeuillage? Ne regardez pas, mon Dieu! *(Elle fait le signe de croix, joint les mains et regarde le ciel.)*

NORBERT - Elle délire! Tenez, je suis prêt à vous payer, même très cher, mais surtout, par pitié, n'enlevez rien! Quelle journée! Il est où votre monastère pour que je sois enfin tranquille?

JUSTINE - Monsieur ne veut pas assister à un autre miracle? Il n'y a pas que des miracles à Lourdes! Vous en voulez la preuve?

NORBERT - Mais regardez-vous dans une glace! Même Jésus ne pourrait rien faire pour vous!

JUSTINE - Jésus peut-être, mais Dieu?

Justine met la musique, enlève sa perruque et ses vêtements pour se transformer en une très belle jeune femme en minijupe.

NORBERT - Amandine!

AMANDINE - Norbert! Mon petit Champignon Magique! Je suis venue te dire ce que je n'ai jamais osé : je t'aime!

NORBERT - Ah bon!

AMANDINE - C'est tout ce que tu trouves à dire?

NORBERT - Met-toi à ma place, je ne sais plus à quel saint me vouer!

AMANDINE - De quels saints parles-tu ? Parce que les miens ont toujours été près de toi, sous la robe de Justine !

NORBERT - Ah non ! Surtout ne me parle pas d'elle !

AMANDINE - Mais c'était moi, Norbert !

NORBERT - Oui, c'est vrai, excuse-moi ! Et comment as-tu eue l'idée de toute cette mise en scène ?

AMANDINE - Tu te souviens quand j'ai passé l'aspirateur en tenue sexy ?

NORBERT - Oui, vaguement ! Je te tournais le dos !

AMANDINE - Eh bien, ce jour-là, j'avais décidé de te séduire. Je ne supportais plus que tu passes ta vie avec des champignons sans même un regard pour moi.

NORBERT - C'est vrai. Et crois-moi je le regrette !

AMANDINE - Je ne t'en veux plus maintenant ! En tout cas, je n'ai pas supporté que ta femme me licencie et, avant de partir, j'ai bouché les W.-C. C'est idiot, mais ça fait un bien fou !

NORBERT - Et ensuite ? Concernant Justine…

AMANDINE - J'ai eu beaucoup de chance. Dans la profession, nous nous connaissons toutes. Une amie m'a téléphoné pour me dire que sœur Clotilde remuait ciel et terre pour trouver une employée de maison au physique désagréable !

NORBERT - Je reconnais que tu as fait très fort !

AMANDINE - Merci ! Mon amie savait également que c'était pour me remplacer. J'ai appelé sœur Clotilde en me faisant passer pour une autre. Elle m'a appris que l'emploi était déjà pourvu et que la personne commençait dans quinze jours.

NORBERT - Je comprends pourquoi une certaine Marie s'est présentée tout à l'heure !

AMANDINE - Que lui as-tu dit ?

NORBERT - Qu'elle retourne d'où elle venait !

AMANDINE - La pauvre ! À cause de moi, elle a quitté son emploi !

NORBERT - Elle s'en remettra. Continue !

AMANDINE - J'avais quinze jours devant moi pour me venger !

NORBERT - Les robes, le pot de chambre, le feu dans la cuisine, c'était toi ?

AMANDINE - Qui veux-tu que ce soit d'autre ?

NORBERT - Mais comment as-tu fait ?

AMANDINE - Pour les robes, j'ai donné une bouteille de cognac à ton père. Dix minutes après, il dormait et je pouvais faire ce que je voulais !

NORBERT - La colle sur le pot de chambre, tu te rends compte ? N'importe qui aurait pu s'asseoir dessus ! Même moi !

AMANDINE - C'est vrai, je dois reconnaître que j'ai eu beaucoup de chance !

NORBERT - Et comment as-tu fait pour les jambes de papa ?

AMANDINE - Il a toujours marché. Si tu crois que je ne le voyais pas faire la navette entre sa chaise et le bar !

NORBERT - Et moi qui ai pris pitié de lui pendant toutes ces années !

AMANDINE - Pardonne-lui ! Finalement le ciel était avec moi ! L'ange Gabriel a exaucé mes vœux, ta femme est partie avec Dominique !

NORBERT - Comment le sais-tu ?

AMANDINE - Une employée de maison est au courant de tout ! Je peux même te dire que leur relation dure depuis six mois !

NORBERT - Je ne me suis aperçu de rien !

AMANDINE - C'est normal, tu ne vois que tes champignons !

NORBERT - Je peux te poser une question ?

AMANDINE - Je t'écoute !

NORBERT - Sais-tu, chez les champignons de Paris, comment un mâle trouve sa femelle ?

AMANDINE - Ben non !

NORBERT - Tout simplement en la regardant ! Et je te trouve très belle !

AMANDINE - Mon Norbert ! Serre-moi dans tes bras !

NORBERT - Amandine ! Veux-tu vivre avec moi ?

AMANDINE - Avec le plus grand plaisir ! Mais attention, je t'interdis d'embaucher une employée de maison !

NORBERT - C'est juré !

AMANDINE - Pour fêter ça, j'ai une surprise pour toi !

NORBERT - J'adore les surprises !

Amandine sort de son sac une boîte de champignons de Paris.

Amandine - Je vais te faire une bonne fricassée de champignons !

Norbert - Mais ils sont morts !

Amandine - C'est normal, ils sont en boîte !

Norbert - Il est hors de question que je mange des copains à moi !

Amandine - Tu préfères une salade ?

Norbert - Surtout pas !

Amandine - Pourquoi ?

Norbert - C'est le sujet de mon prochain livre !

Amandine - Ah non !

RIDEAU

FIN

AVIS IMPORTANT

Cette pièce de théâtre fait partie du répertoire de la Société des Auteurs et Compositeurs Dramatiques, 11 bis rue Ballu 75442 PARIS Cedex 09. Tél. : 01 40 23 44 44. Elle ne peut donc être jouée sans l'autorisation de cette société.

Nous conseillons d'en faire la demande avant de commencer les répétitions.

Imprimé à la demande par Books On Demand GmbH, Bad Hersfeld, Allemagne

Première édition, dépôt légal : mars 2007
N° d'édition : 200715
ISBN : 2-84422-567-5